了不起的中国古代科技与发明

# 李春

## 修建赵州桥

KaDa故事 主编

猫十三 著　陈伟工作室 绘

史晓雷 审校

化学工业出版社
·北京·

图书在版编目（CIP）数据

李春：修建赵州桥 / KaDa故事主编；猫十三著；
陈伟工作室绘 . -- 北京：化学工业出版社，2024.1
（了不起的中国古代科技与发明）
ISBN 978-7-122-44490-5

Ⅰ．①李… Ⅱ．①K…②猫…③陈… Ⅲ．①李春—
生平事迹—少儿读物 Ⅳ．①K826.16-49

中国国家版本馆CIP数据核字（2023）第225737号

责任编辑：刘莉珺　　　　　　　　装帧设计：史利平
责任校对：宋　夏

出版发行：化学工业出版社　．
　　　　　（北京市东城区青年湖南街13号　邮政编码100011）
印　　装：北京宝隆世纪印刷有限公司
880mm×1230mm　1/12　印张3$\frac{1}{2}$　字数50千字
2025年1月北京第1版第1次印刷

购书咨询：010-64518888　　　　　售后服务：010-64518899
网　　址：http://www.cip.com.cn

定　　价：39.80元　　　　　　　　版权所有　违者必究

你知道赵州桥的设计者是谁吗？

赵州桥历经风吹雨打一千四百多年，是什么使它屹立不倒呢？

# 中国古代的桥

古代人利用身边容易获得的材料，建造了横跨河流的桥梁。先来看看各种各样的桥吧！

## 浮桥

用船或者浮箱代替桥墩，在上面铺设木板，使桥浮在水面上。浮桥铺设简单，又可以灵活拆卸，一般用作军事用途。

## 木桥

桥身用天然木材制成，但木料容易腐烂，又极易点燃，安全性不高，后代多建造成石桥。

## 赵州桥的建造者

李春，生卒年不详，是隋朝的造桥匠师。他主持修建的安济桥（也称赵州桥），外观优美，造型独特，历经一千四百多年不倒，堪称世界桥梁史上一件巧夺天工的杰作。开创了中国桥梁建造的崭新局面，为中国桥梁技术的发展作出了巨大贡献。

## 吊桥

用两根悬索将桥身固定在两岸，悬索上垂下许多吊杆，将桥面吊住。这种桥一般在比较深或比较急的水流上建造，但因为受风力等自然因素影响很大，不够稳定，使用受限。

## 石桥

有石梁桥和石拱桥。石梁桥抗弯能力差，多见于人行桥。石拱桥的桥下可通船，且造型优美，很受人们的欢迎。但因为造桥所需人力、物力较多，建造时间长，石拱桥的发展受到了一定的限制。

## 久负盛名的石拱桥——赵州桥

赵州桥位于河北省赵县洨河上，是一座大跨度单孔敞肩圆弧石拱桥，始建于隋朝（公元595年～605年）。在漫长的十多个世纪中，尽管经过千百次洪水的冲击，无数次车辆的重压，许多次地震的摇撼和日晒雨淋、风化腐蚀的严峻考验，但是直到如今，它仍像一道雄姿焕发的长虹，巍然屹立在洨河之上，仍能通过载重的车马。

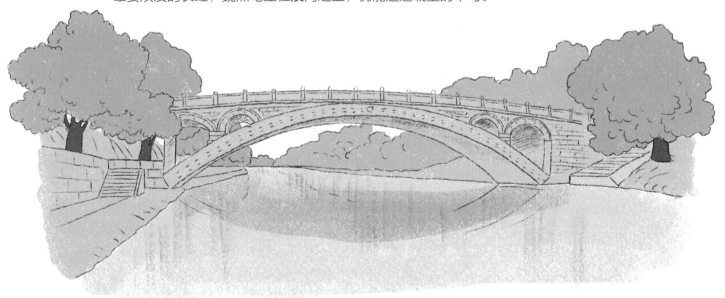

## 建桥的石头哪里来？

修建一座桥需要很多很多的大石头，而且要很坚硬的那种。然而，赵州桥所在的洨河附近根本找不到这种石头，所以石工需要到一百多里以外的山里去开采石料。

浇水：岩石烧到滚烫后，再将凉水浇到岩石表面，岩石就会裂开。

烧脆的石壁拿冷水一浇，再硬的岩石也会裂开。

先把石壁烧一烧，石头就变脆啦。

**为什么烧热的岩石浇冷水会裂开？** 这是利用了热胀冷缩的原理，岩石经过大火烧烤，受热膨胀，此时浇水突然遇冷，岩石表面也会跟着突然收缩，发生开裂。

"各位看官来看！"

说书人开始讲赵州桥的传说。

"近几年雨水多，山洪冲垮了好几座桥！"

开讲啦！

呼啦啦

顺便烤个红薯，嘿嘿。

好重啊……

哎哟！这泥地可真滑！

有裂缝啦，可以凿下来啦！

凿石：裂开的岩石已经松动，这时将石块凿下来，再用凿子和木槌将石料凿成所需要的形状和大小，即可运输。

"唯独咱鲁班仙师修的这座石桥巍巍不倒，坚挺如初！"

"是呀！是呀！"围观的众人点头称是。

这时，李春拄着拐杖经过。

说啥呢？

5

**修建赵州桥**

### 建桥的石料有什么讲究？

　　赵州桥的石料虽然看起来只是方形的石块，但实际上石块的表面却有个门道——细密的斜纹。这些斜纹让石块之间的摩擦力增加，从而使石块更加紧密地咬合在一起，更加坚固，不容易打滑。

　　**选料：**李春选用的石料和石料砌筑工艺与众不同。他采用长条形石料，每块重约1吨。在没有起重机的隋朝，吊运这么重的石料极为艰辛。据《畿辅通志》记载，赵州桥所用的石料多为来自附近州县的质地坚硬的青灰色砂石。

知道啦！

你往左边斜，我往右边斜，别凿错了。

你慢点，别把喝的水也泼了。

赵州桥不是一天建成的 | 15%

李春听到有人在说他修的桥，好奇地停下来听。

"你怎么知道是鲁班修的？"有人问。

"就知道你要问，看这里！"说书人道。

"怎么变成鲁班修的了？"李春纳闷。

"各位请看，就是这两道车辙印！"说书人得意地说。

"鲁班爷爷只用一晚上，就建成了这座'天下第一桥'，惊动了天上的神仙！"

"什么神仙呀？"一个小孩子问。

## 建桥什么时间最合适？

修建桥梁一般会选择在冬季，因为这个时候河流进入枯水期，河道里没有水，而且这时候河底的泥沙也比较硬，适合搞工程。就算河里还有少量的水，也可以在上游修建一个临时的小水坝，把水给拦住。

嗯，不错。

大人您看，都按照您的要求……

这石头还挺硬。

小心啊！

说书人笑道："嘿，什么神仙不重要。"

"重要的是，一下来了两位神仙，都想杀一杀鲁班的威风！"

"怎么杀呀？"

**古法今用：**在现代河流治理中，仍会用到这种办法来修建河流两岸的堤坝，只是将竹笼、麻袋等换成了专用的沙袋，更加结实，不易破损，能够长时间使用。这种堤坝在今天抗洪抢险时也多有使用。

"这两位神仙跟鲁班仙师说，这桥能承得住他们的独轮车，才算'天下第一'！"

众人惊叹，谁也没有注意到哭笑不得的李春。

"这两道车辙印就是两位神仙为了煞鲁班仙师的威风，用独轮车轧出来的！"

## 笨重的基石怎么运过来？

基石就是为桥梁打基础的石头，放在河道的两端，桥梁的最底部。赵州桥的基石很重，靠人搬运过来要费好大的工夫。据说人们想了个好办法，趁着冬季气温低，在地面上泼水结冰形成冰道，然后再将大石块从采石场"滑"过来。

这比直接搬省劲多了。

哎哟！我的屁股！

**赵州桥的选址：**选建在洨河两岸平坦的地方，桥基下面粗砂层、细石层、粗石层、细砂和黏土层依次排列，坚固不易下沉。

基石：是桥梁最底下的部分，总厚约1.55米，共五层，直接修建在河床的粗、细砂层上，用来承受来自上方桥梁和金刚墙的压力，十分坚固。

小心点别松手！

嘿，可真重啊……

金刚墙：是桥梁拱券下方的垂直承重墙，用来承受桥梁的重量。

"那，这桥撑住了吗？"壮汉问。

后来呢？

"鲁班仙师是谁？他修建的桥当然能撑得住两位神仙的考验啦！"

这还用问？

"这桥不仅承住了两位神仙的独轮车，还一点破损都没有！"

绝了！

说书人神气地说："就这样，鲁班仙师的名号就叫响啦，连……"

人群里忽然传来一阵笑声。

哈哈哈哈

众人回过头，发现是一个老头。

哈哈哈哈哈

## 赵州桥的智慧——大圆弧

普通拱桥的高度与跨度比为1∶2，这样一来，桥越长，拱越高，车马通行会成很大问题。相比之下，赵州桥主孔的跨度约37米，但桥拱高度只有约7.25米，比例约为1∶5，其中的巧思就在于，赵州桥的拱券（quàn）不是一个半圆形，而是采用半径较大圆的一段弧，不光车马通行畅通无阻，而且没有桥墩，水流对桥身的冲击也会变得很小，桥下又可以通船，真是一举多得。

能不能凿出宝贝？

嘿哈！

修桥石：修桥用的石头多是从岩壁上开采下来的岩石，经过一些斧凿修整形状，直接用于桥梁的建造。

我爱搬砖！

**拱券：** 建筑上圆弧的部分叫作拱券，赵州桥也不例外。桥的主孔是它的大拱券，跨度约37米。四个副孔叫作小拱券，两两位于桥梁两端，小的跨度约2.8米，大的跨度约3.8米。

"您笑什么？"说书人不满地问。

"我就是听你说，那个车辙是神仙留下的，就没忍住……哈哈哈哈哈！"

"您要是觉得我这话有假，那您说个真的来！"

李春清清嗓子问："按先生的意思，车辙印是神仙的车子轧出来的？"

说书人抱着肩膀，神气道："正是！"

"神仙的独轮车里，推着东岳泰山、南岳衡山、西岳华山、北岳恒山和中岳嵩山五座大山！"

## 赵州桥的智慧——腰铁

拱券由一块一块并排的拱石组成，而腰铁正是为了这些拱石的稳定而存在，它在桥梁内部将拱石连接起来，使整座桥身更加稳固。

腰铁：为了桥梁整体的美观，这些腰铁都藏在桥身的里面，从外面并不能看见它们。

好好修桥，功在千秋！

呼呼，手都冻僵了。

鹰架：施工时用以撑托结构构件的临时支架，常用竹、木制成。

好啦，拉上去吧！

14

"那旁边这道车辙印是怎么留下的？"李春问。

"那是另一位神仙小车里的日月星辰压出来的！"

"神仙嘛，什么办不到？"

信了吧？

"五岳大山！日月星辰？什么桥不得塌呀！"李春大笑。

"哼，要不说人家鲁班是仙师呢！"

"神仙上桥的时候，咱们仙师在桥下一只手托举桥身，这才扛住了考验呢！"

**拱石的巧妙设计：** 拱石侧面均凿有细密的斜纹，用来增加摩擦力，加强各券之间的横向联系，进一步稳固拱石。

进度要加快啊！

大人，这么冷，您还亲自来……

15

## 赵州桥的智慧——铁拉杆

因为并列的拱券之间是各自独立的，没有连接，最外侧的拱券很容易向两边翻倒，所以这时候用铁拉杆横穿过拱背，将拱券串联起来。大拱券上有五根铁拉杆，四个小拱券上各有一根铁拉杆。

铁拉杆：铁拉杆的设计思路很像古代木桶的制作原理。木桶一般用木板条拼成，它们高度一致，围着一块圆板竖直排列，外圈用铁条固定好，不让木板条散开。铁拉杆在桥面的作用也是一样。

"徒手扛大桥？哈哈哈！"李春笑得拐棍都握不住了。

"那桥下还留着鲁班仙师的手掌印呢！您要是不信，自己下去瞧！"

李春连连摆手道："不用了，我知道那个手掌印是怎么来的。"

## 赵州桥不是一天建成的

`//////////////////////////` 60%

**独立拱券的优势：** 各个拱券之间相互独立，修建时只需移动鹰架，修完一道即可修筑下一道。这种修筑方法有利于后续的桥梁维修，如果一道拱券的石块损坏，只需要替换成新石，而不必对整座桥进行调整。

**快快，一会儿没了。**

**今天吃什么呀？**

**今天吃馍馍，我放了糖的。**

**啊？糖馍馍？**

众人听李春这么说，顿时把目光一齐投向他。

"那我可要好好请教请教！"

"手掌印是标记点，修桥前要把这个点支撑起来，防止其他地方塌下来。"

17

## 赵州桥的智慧——钩石

钩石的作用与铁拉杆有点类似，都是利用横向牵拉的原理，使拱券不向两侧翻倒。只是铁拉杆放在拱石上方，牵拉横向拱石；钩石放在拱石缝隙处，牵拉纵向拱石。

**加强拱券之间联系的其他措施：**拱券采用"下宽上窄、略有收分"的方法，使每个拱券向里倾斜、相互挤靠，增强其横向联系，防止拱石向外倾倒；在桥的宽度上也采用"少量收分"的方法，从桥两端到桥顶逐渐收缩桥的宽度，加强桥的稳定性。

唉，一晃这桥也修了好久了……

怎么？想家啦？

哇哇！就要修好啦！

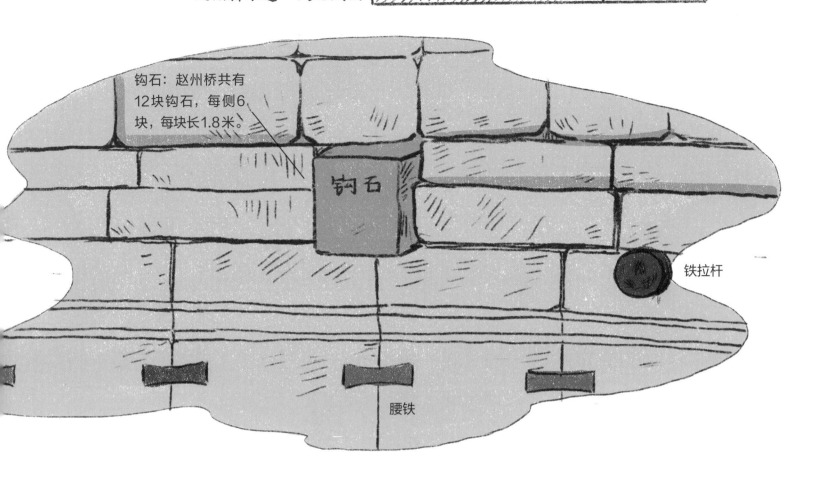

钩石：赵州桥共有12块钩石，每侧6块，每块长1.8米。

钩石

铁拉杆

腰铁

"胡说八道！"说书人翻了个白眼。

李春又说："这车辙印是因为往来的车子太多，日久天长轧出来的……"

说书人奇怪道："为啥都按照这个印子走？"

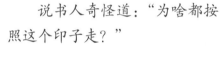

"为了省力气嘛！"

说书人撇了撇嘴："说得跟真的一样！难不成你是鲁班再世？"

"鲁班再世可不敢当，但这桥是我修的。"

19

## 赵州桥的智慧——护石

赵州桥拱石的表面，还有一层护石，就像是屋顶上的瓦片。瓦片可以保护屋顶，护石则可以保护拱石，减少风化、水蚀和车马通行对拱券的损坏。

**加盖护石的好处**：护石有利于加强拱券之间的联系，使东西两侧的拱券结成一体。在拱券上盖上一层加固板，可以防止风化、水蚀和车马通行对拱券造成的损耗。

不知道有没有鸟蛋……

来啦，接住！

再来点护石。

看，我垒的石塔。

娃娃挺厉害。

说书人被气笑了：
"大言不惭！哈哈哈！"

李春只是耸了耸肩，并没有放在心上。

"你说这桥是你修的，有证据吗？"说书人问。

护石：就是铺设在并列的二十八道拱券上的一层石板，大拱券和小拱券上都有护石，除了起到保护作用，也可以进一步使拱券结成一体，更加稳固。

"证据嘛……"李春摸摸胡子，"有啦！"

"你刚刚不是说桥底有个手掌印嘛，那就是证据。"

说书人半信半疑。

五角石在大拱和小拱之间起到的平衡作用，与现代铁路上铺设的石子和枕木的作用很像。由于路面不是完全平整的，需要在上面铺上一层碎石子，使路面相对平整，再在上面并排铺上一排枕木，在枕木上铺设铁轨。这样一来，火车经过铁轨时，向下传递的力就会被枕木和下面的石子分散平衡，火车行驶在上面就会更加平稳，不易出事故。

李春跟船家借了一条船，划到了桥底下。

他一手挂着拐棍，一手颤悠着往上一托。

众人跟着来到河岸边，抻着脖子往桥洞子里瞧。

手掌印一模一样，分毫不差！

"掌印是我自己印上去的，理由我刚才已经说了。"

"以后大家要是发现桥梁有损坏，一定要先拿桩子把这个点支起来再修。"

修建赵州桥

## 赵州桥的智慧——五角石

　　五角石是连接在大拱券和小拱券之间的一个小部件，因为大拱券表面是弧形的，小拱券没办法直接稳固地放置在上面。这时候将五角石底边的两个角嵌在护石中，三角形的直角朝上，就可以巧妙地将弧形变平，小拱券就能放到上边啦。

五角石

五角石：就是一块有五个角的石头，侧面看起来像一个矩形上面放一个直角三角形，能巧妙地化弧形为直线。

我娘去赶集也不用踩泥了。

等桥修好了，我爹收麦子就好拉车啦。

23

## 各种修桥小巧思——船型桥墩

为了减小水流对桥身的冲击力，人们还想了一个好办法，就是把桥墩修成船的形状。船形桥墩，与水流相对的一头是尖的，这样可以大大减小桥墩与水的受力面积，从而减小来自水流的压力，保护桥梁。

爹爹，早点回家！

知道啦，回来给你带好吃的！

众人直勾勾地盯着李春，谁也没有回答他。

盯

"喂！我说各位，行不行的，给个准话成吗？"

说话呀！

"别都看着我呀，我脸上又没开花……"

脸上有花？

**小拱券的优势：** 一般的石拱桥，左右两边均用石料实心砌成，这样的桥，桥身很重，对桥基造成很大压力，且与水流的接触面大，阻力也大。而赵州桥的大拱上，左右两侧各开了两个小拱，这样既减少了石桥的用料，使桥梁更轻，减小桥对桥基的压力，又能有效泄洪，减少河水对桥的冲击。

**弧度小于半圆的拱券：** 李春设计的拱券十分巧妙。因为赵州桥的跨度很大，如果将"券"修成规整的半圆形，那么桥洞高处就会很高。这样不利于车马通过。弧度小于半圆的拱券，可以使整个桥身看起来美观，车马通过时省力，同时也节约了建造的材料和人工。

说书人突然指着李春，叫道："鲁班仙师再世啊！"

"小人有眼不识泰山，求鲁班仙师原谅！"

说着，说书人和众人一起朝李春一拜。

## 赵州桥的智慧——雕龙栏板

赵州桥栏板上的花纹形态多样，先后挖掘出土大小桥石1500余块。其中有栏板20余块，包括较早的隋代饕餮栏板2块，各式隋代雕龙栏板7块，走马栏板1块，斗子卷叶栏板16块，凤凰栏板1块。

**卢沟桥上的石狮子**：卢沟桥位于北京市丰台区永定河上，桥上共有501个石狮子，姿态各不相同。狮子有雌雄之分，雌的戏小狮，雄的弄绣球。有的大狮子身上，雕刻了许多小狮，最小的只有几厘米长，有的只露半个头，一张嘴。因此，长期以来有"卢沟桥的狮子数不清"的说法。

李春急得连连摆手："我不是鲁班再世，我就是个修桥的，叫李春！"

"仙师啊！建桥大神啊！"

说书人哪里肯听，依然连连叩拜。

李春无奈地长长地叹了一口气。

众人也跟着一拜再拜。

"早知道你们搞得这么隆重，我就不说这桥是我修的了。"

27

颐和园的玉带桥

全国各地有许多桥梁名叫"玉带桥"，其中最著名的是位于北京颐和园昆明湖长堤上的一座石拱桥，始建于清代乾隆年间，是当年乾隆皇帝从昆明湖乘船到玉泉山的通道。整座桥由玉石砌成，只有一个桥洞，跨度11.38米，高7.5米。桥面向下弯曲，与向上弯曲的桥拱刚好相反，使整座桥看上去很像是波浪的形状，非常漂亮。因为桥拱顶部很高，而且很薄，形状像一条玉带，所以得名"玉带桥"。桥身架在水面上，与水面上的倒影共同构成一轮透明的圆月，景象十分动人。

花蝴蝶你快飞呀，别输给他！

看我的小燕子飞得比你高！

**相同点：** 赵州桥和玉带桥都是单孔设计，对水流的阻碍较小，所用的石料也比多孔石桥节省很多。

从此以后，不论李春走到哪里，都有人高喊"鲁班仙师"的名号。

看，鲁班！

搞得他每次经过鲁班庙门口，都远远地绕着走。

快跑！

像是怕真的鲁班过来问自己，为什么要抢他的名头一样。

如果像赵州桥这样大跨度的桥，要建成玉带桥那样的半圆形状，拱顶的高度会接近20米。车马要想上去，就会像坐滑梯一样滑下来，会给日常的交通带来很大的麻烦。

**不同点：** 玉带桥呈半圆形，桥拱很高，从侧面看，是由两条向下弯曲的曲线连成，造型美观但很陡，不利于车马的通行，适合园林内的观赏。

赵州桥则是半圆上的一段弧，跨度大，坡度很缓，非常适合车马通行，更具实用价值。

而安济桥也因为地处河北赵州，又被人们称为"赵州桥"。

直到今天，那座桥依然屹立在洨河之上。

像是一条青龙，稳稳地盘踞着，造福一代又一代人。

29

# 桥梁博物馆

中国科学院自然科学史研究所原副研究员、科技史博士　史晓雷

据史料记载，赵州桥历史上有过多次修缮。比如，793年，因洪水导致拱圈开裂而维修过；1066年，部分腰铁因腐朽而脱落而更换；1643年，西面外五道拱圈坍塌，大约一百年后才修复完好。

1955年进行了历史上最大的一次修缮（据茅以升写的材料）：

（1）重新修砌了东侧5道拱圈，其中风化了的石块，全部换新；

（2）保留的23道拱圈，灌注了水泥砂浆；

（3）在拱背护拱石中间，浇筑钢筋混凝土盖板；

（4）在桥面石下，加设了"防水层"（亚麻布和沥青），以保护拱石不被漏水所风化。

## 现代桥梁的代表

　　近些年，随着我国经济的快速发展，桥梁工程技术也在飞速发展，比如2018年10月正式通车的港珠澳大桥，成为世界上最长的跨海大桥，大大缩短了香港、澳门与珠海的"时空距离"。再比如贵州的鸭池河大桥，线路全长1240米，主跨长达800米，共用192根斜拉索，是世界上最大跨径的钢桁梁斜拉桥，极大缩短了贵阳与毕节的通车时间。

# 小小发明家实验室

　　赵州桥是世界上现存最古老、最有名的石拱桥。今天的实验，我们就来做一个简易的赵州桥，通过我们自己的动手操作，看看它究竟有多厉害！

**准备材料：** 泡沫板、泡沫条、双面胶、木条（竹筷子或木筷）、细线、彩纸、剪刀、小钢锯等。

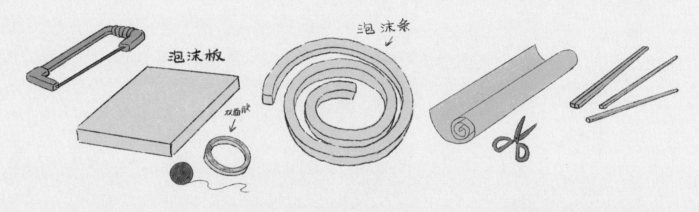

**第一步：** 将泡沫板用小钢锯切成25厘米长，15厘米宽的方板，用双面胶将方泡沫条贴在两边。（为了美观，可以在上面贴一层彩纸。）

**第二步：** 用小钢锯把木条锯成30厘米长，或直接选用27厘米长木筷子、竹筷子。一种方法是用蜡烛将竹筷子烤成拱形，再用细线绑在一起，固定在泡沫板上，共28根。另一种方法：利用力学原理，通过木条或筷子间的相互别压、穿插，把所受的重力分解到每根筷子上，从而使整座桥梁非常扎实、稳当，不借用外力，通过木条或筷子相互穿插，做成"拱桥"。

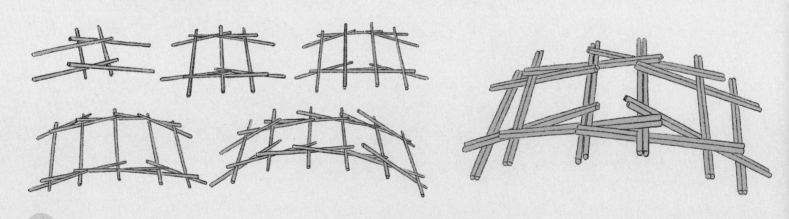

**第三步：** 用铅笔在泡沫板上绘制出赵州桥两侧和桥面的图样,再用小钢锯把多余的材料锯掉,用大头针把桥两侧和桥面钉在一起。

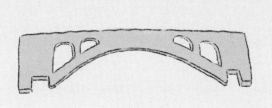 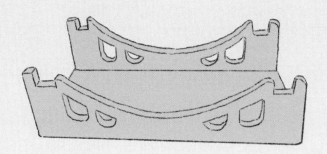

**第四步：** 用彩纸装饰桥两侧和桥面。

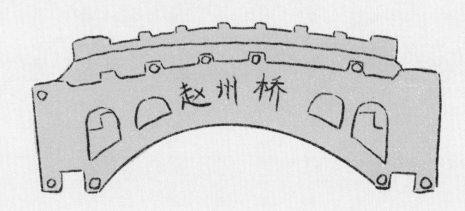

**第五步：** 最后把装饰好的赵州桥外框卡在刚刚做好的竹架和基座上,一个简易的赵州桥就做好啦。